AF446403

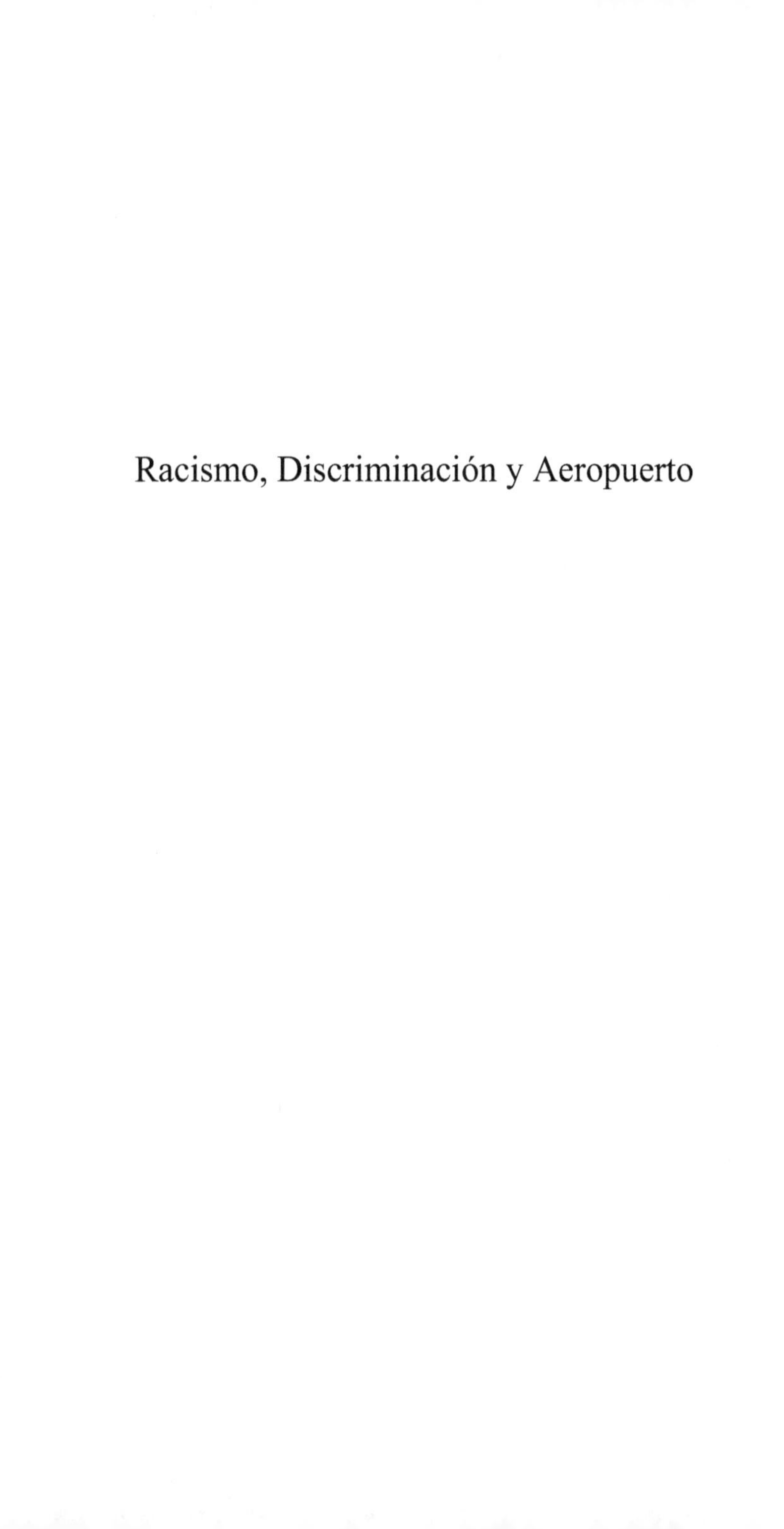

Racismo, Discriminación y Aeropuerto

José Feliciano Abreu Abreu

Racismo, Discriminación y Aeropuerto

Racismo, Discriminación y Aeropuerto
José Feliciano Abreu Abreu
ISBN: 978-9945-09-527-2
Santo Domingo, República Dominicana
2020

Edición: José Abreu

Diagramación y Diseño de portada:
José Abreu (josejjjj@hotmail.com)

Impreso en Santo Domingo, República Dominicana

Índice

CAPITULO I

El Racismo

CAPITULO II
LA DISCRIMINACION

CAPITULO III

AEROPUERTO

Introducción

El Racismo y la Discriminación son temas que se tratan a diario en todo parte del mundo, es decir que en la actualidad este tema debería de ser una de las principales agendas de los Gobiernos para educar la sociedad sobre situaciones de racismo y discriminación, ya que probablemente muchas personas son víctimas del racismo y la discriminación en cualquier entorno determinado.

Mi inquietud principal es concientizar la sociedad sobre lo que es el racismo y los tipos de racismo en lo que muchas veces algunas personas sienten cierto rechazo por su color de piel, nacionalidad, ideologías religiosas, situación económica, entorno laboral, preferencia sexual, discriminación en los aeropuertos etc.

Según mis experiencias tratando con varias sociedades de diferentes culturas en varios países, he notado que algunos seres humanos sienten discriminación y rechazo, pero este tipo de victimas a veces no suelen reclamar sus derechos y protestar contra situaciones relacionadas con el racismo y la discriminación.

El estado de cualquier país del mundo debería de reconocer que el rechazo a cualquier ser humano por su fisonomía, color de piel, Nacionalidad, religión, preferencia sexual, situación económica etc., es una situación que podría afectar la salud emocional de los seres Humanos en cualquier parte del mundo.

El Autor

Metodología de investigación

Se desarrolla la presente investigación descriptiva relacionada con el tema del Racismo y Discriminación en sentido general.

Métodos:

Analítico.

Se analiza todas las informaciones recopiladas mediante la base de datos e información documental de la Web oficial de La ONU, Amnistía Internacional, redes sociales etc.

Explicativo.

Pinceladas y explicaciones de los hechos en función de las relaciones causales de la realidad existente sobre racismo y discriminación.

Descriptivo.

En este sentido se describen datos recopilados de manera objetiva de las fuentes suministrada por la ONU, Amnistía internacional y otras fuentes recopiladas telemáticamente en páginas web oficiales.

Técnica de Investigación.

Libros

Revista

Internet

Diccionarios

Enciclopedias etc.…

CAPITULO I

EL RACISMO

1.1 Racismo. Conceptos Generales

ACNUR define 4 tipos de racismo por los que las personas se pueden sentir discriminadas o ser víctimas de desigualdades:

Racismo aversivo

Es un tipo de racismo sutil porque generalmente es empleado por personas que están abiertamente en contra del racismo y de los comportamientos racistas. En el racismo aversivo se pretende la igualdad de derechos y la libertad para que cada grupo viva su propia cultura abiertamente. En cambio, las actitudes racistas se producen mediante la distancia con la otra persona, falta de empatía o mostrando frialdad.

Racismo etnocentrista

Este tipo de racismo está basado en la superioridad cultural del propio grupo, por lo que este asume que otros grupos diferentes suponen una amenaza cultural. En este tipo de racismo no hay derecho a la igualdad y se cree que las personas que son de una raza diferente a la propia deben someterse al grupo predominante. El rechazo de costumbres, creencias, comportamientos, religiones o lenguas de otros grupos étnicos son actitudes recurrentes en este tipo de racismo.

Racismo simbólico

El racismo simbólico aboga por el derecho a ser iguales, pero con matices: el derecho a ser iguales existe, pero para ámbitos puntuales o ciertas situaciones. Un ejemplo que explica el racismo simbólico es la libertad que tiene cada grupo para vivir como quiera, pero en áreas limitadas para dicho grupo. Estas actitudes provocan una segregación cultural entre los distintos grupos, lo que a su vez produce distanciamiento entre sus miembros.

Racismo biológico

Es el tipo de racismo menos tolerante. Entiende que una raza es biológicamente superior a las demás, que amenazan con degenerar la raza que es considerada principal.

El racismo biológico no cree que los miembros de otras razas deban tener ningún derecho, piensa que deben ser excluidos totalmente e incluso apuesta por la segregación física.

Un ejemplo de racismo fue el llevado a cabo por el régimen nazi en los años 30 y 40, que consideraban la raza aria como una raza pura y superior.

1.2 Conferencia Mundial Contra el Racismo

El Informe de la Conferencia Mundial contra el Racismo, la Discriminación Racial, la Xenofobia y las Formas Conexas de Intolerancia (Durban, 31 de agosto a 8 de septiembre de 2001) Reconoce que:

El racismo, la discriminación racial, la xenofobia y las formas conexas de intolerancia se producen por motivos de raza, color, linaje u origen nacional o étnico y que las víctimas pueden sufrir formas múltiples o agravadas de discriminación por otros motivos conexos, como el sexo, el idioma, la religión, las opiniones políticas o de otra índole, el origen social, la situación económica, el nacimiento u otra condición.

La religión, la espiritualidad y las creencias desempeñan un papel central en la vida de millones de mujeres y hombres, en el modo en que viven y en el modo en que tratan a otras personas. La religión, la espiritualidad y las creencias pueden contribuir a la promoción de la dignidad y el valor inherentes de la persona humana y a la erradicación del racismo, la discriminación racial, la xenofobia y las formas conexas de intolerancia.

La esclavitud y la trata de esclavos, en particular la trata transatlántica, fueron tragedias atroces en la historia de la humanidad, no sólo por su aborrecible barbarie, sino también por su magnitud, su carácter organizado y, especialmente, su negación de la esencia de las víctimas, por otra parte la conferencia mundial contra el racismo reconoce que esclavitud y la trata de esclavos, especialmente la trata transatlántica de esclavos, constituyen, y siempre deberían haber constituido, un crimen de lesa humanidad y son una de las principales fuentes y manifestaciones de racismo, discriminación racial, xenofobia y formas conexas de intolerancia, y que los africanos y afrodescendientes, los asiáticos y las personas de origen asiático y los pueblos indígenas fueron víctimas de esos actos y continúan siéndolo.

La Conferencia Mundial contra el Racismo, la Discriminación Racial, la Xenofobia y las Formas Conexas de Intolerancia afirman que, dondequiera y cuandoquiera que ocurrieron, deben ser condenados y ha de impedirse que ocurran de nuevo.

La xenofobia contra los no nacionales, en particular los migrantes, los refugiados y los solicitantes de asilo, constituye una de las principales fuentes del racismo contemporáneo, y que las violaciones de los derechos humanos cometidas contra los miembros de esos grupos se producen ampliamente en el contexto de prácticas discriminatorias, xenófobas y racistas.

Un niño que pertenece a una minoría étnica, religiosa o lingüística o que es indígena no debe negársele el derecho, individualmente o en comunidad con otros miembros de su grupo, a disfrutar de su propia cultura, a profesar y practicar su propia religión y a utilizar su idioma.

El trabajo infantil está relacionado con la pobreza, la falta de desarrollo y las condiciones socioeconómicas conexas y que, en algunos casos, podría perpetuar la pobreza y la discriminación racial, al privar de manera desproporcionada a los niños de los grupos afectados de la posibilidad de adquirir las aptitudes humanas necesarias para la vida productiva y para beneficiarse del crecimiento económico.

Es importante señalar que la conferencia mundial contra el racismo, la discriminación racial, y la formas conexas de intolerancia han observado con profunda preocupación que en muchos países las personas infectadas o afectadas por el VIH/SIDA, así como las presuntamente infectadas, pertenecen a grupos vulnerables al racismo, la discriminación racial, la xenofobia y las formas conexas de intolerancia, lo que incide negativamente sobre su acceso a la atención de salud y los medicamentos.

20

El informe de la conferencia mundial contra el racismo, la Discriminación y las Formas Conexas de Intolerancia reconoce la importancia de instituciones nacionales independientes de derechos humanos que se ajusten a los Principios relativos al estatuto de las instituciones nacionales de promoción y protección de los derechos humanos, anexos a la resolución 48/134 de la Asamblea General, de 20 de diciembre de 1993, y de otras instituciones especializadas pertinentes creadas por ley para la promoción y protección de los derechos humanos, como la del defensor del pueblo, en la lucha contra el racismo, la discriminación racial, la xenofobia y las formas conexas de intolerancia, así como para la promoción de valores democráticos y el Estado de derecho.

La Conferencia Mundial contra el Racismo dice:

Alentamos a los Estados a que establezcan tales instituciones, según proceda, y exhortamos a las autoridades y a la sociedad en general de los países en que esas instituciones están desempeñando sus funciones de promoción, protección y prevención a que cooperen en la mayor medida posible con dichas instituciones, respetando al mismo tiempo su independencia.

1.3 Población Indígenas

«Reconocemos que los pueblos indígenas han sido víctimas de discriminación durante siglos y afirmamos que son libres e iguales en dignidad y derechos y no deberían sufrir ningún tipo de discriminación, particularmente por su origen e identidad indígena. Fuente, (Conferencia Mundial contra el Racismo, la Discriminación Racial, la Xenofobia y las Formas Conexas de Intolerancia (Durban, 31 de agosto a 8 de septiembre de 2001).

La Declaración y el Programa de Acción de Durban:

- Insta a los Estados a que adopten o sigan aplicando las medidas para promover, proteger y garantizar el ejercicio por los pueblos indígenas de sus derechos y las libertades fundamentales en todas las esferas de la sociedad y a que promuevan el conocimiento y el respeto de las culturas y el patrimonio indígenas.

- Insta a los Estados a que trabajen con los pueblos indígenas para estimular su acceso a la actividad económica e incrementar sus índices de empleo, cuando proceda.

- Invita a los Estados interesados a cumplir y respetar los tratados y acuerdos concertados con los pueblos indígenas y a reconocerlos y observarlos debidamente.

- Pide a los Estados que consulten a los representantes indígenas en el proceso de adopción de decisiones relativas a las políticas y de medidas que les afecten directamente.

- Invita a los Estados a que reconozcan los problemas particulares a que hacen frente los pueblos y personas indígenas que viven en un entorno urbano y los exhorta a aplicar estrategias eficaces para combatir el racismo, la discriminación racial, la xenofobia y las formas conexas de intolerancia con que tropiezan, prestando especial atención a las oportunidades para que continúen practicando sus modos de vida tradicionales, culturales, lingüísticos y espirituales.

1.4 Discriminación Racial (Mujeres y Niños)

«Observamos con preocupación el gran número de menores y jóvenes, particularmente niñas, que figuran entre las víctimas del racismo, la discriminación racial, la xenofobia y las formas conexas de intolerancia.»(Conferencia Mundial contra el Racismo, la Discriminación Racial, la Xenofobia y las Formas Conexas de Intolerancia Durban, 31 de agosto a 8 de septiembre de 2001).

La Declaración y el Programa de Acción de Durban:

- Insta a los Estados y alienta a todos los sectores de la sociedad a que potencien a las mujeres y las niñas que son víctimas de racismo, discriminación racial, xenofobia y formas conexas de intolerancia, a fin de que puedan ejercitar plenamente sus derechos en todas las esferas de la vida pública y privada.

- Pide a los Estados que, en colaboración, de ser necesario, con organizaciones internacionales, y teniendo presente ante todo el interés superior del niño, ofrezcan protección contra los actos de racismo, discriminación racial, xenofobia y formas conexas de intolerancia a los niños, en particular a los que se encuentran en situación de especial vulnerabilidad, y presten una atención especial a esos niños al formular las políticas, estrategias y programas pertinentes.

1.5 Afrodescendientes

Los afrodescendientes han sido durante siglos víctimas del racismo, la discriminación racial y la esclavización, y de la denegación histórica de muchos de sus derechos, y deben ser tratados con igualdad y respeto de su dignidad, y que no deben sufrir discriminación de ningún tipo. (Conferencia Mundial contra el Racismo, la Discriminación Racial, la Xenofobia y las Formas Conexas de Intolerancia, Durban, 31 de agosto a 8 de septiembre de 2001).

En la Declaración y el Programa de Acción aprobados en la Conferencia Mundial contra el Racismo celebrada en Durban (Sudáfrica) en 2001 se hacen recomendaciones concretas sobre cómo combatir la discriminación contra muchos grupos, entre ellos los africanos y los afrodescendientes.

¿Qué dice la Declaración y el Programa de Acción de Durban acerca de los africanos y los afrodescendientes?

- Insta a los Estados a que faciliten la participación de los afrodescendientes en todos los aspectos políticos, económicos, sociales y culturales de la sociedad y en el adelanto y el desarrollo económico de sus países, y a que promuevan el conocimiento y el respeto de su patrimonio y su cultura.

- Insta a los Estados a que hagan lo necesario para que en los programas de estudios se incluya la enseñanza cabal y exacta de la historia y la contribución de los africanos y los afrodescendientes.

- Hace un llamamiento a los Estados para que adopten medidas concretas que garanticen el acceso pleno y efectivo de todas las personas, en particular los afrodescendientes, al sistema judicial.

- Insta a los Estados a que resuelvan los problemas de la propiedad respecto de las tierras habitadas desde épocas ancestrales por afrodescendientes.

- Insta a los Estados a que reconozcan los problemas particularmente graves del prejuicio y la intolerancia religiosa con que tropiezan muchos afrodescendientes y a que apliquen políticas y medidas encaminadas a prevenir y eliminar toda discriminación basada en la religión y las creencias.

- Insta a las instituciones financieras y de desarrollo y a los programas operacionales y organismos especializados de las Naciones Unidas a dar especial prioridad y asignar suficientes recursos financieros a la mejora de la situación de los africanos y los afrodescendientes, y elaborar programas destinados a los afrodescendientes por los que se inviertan recursos adicionales en sistemas de salud, educación, vivienda, electricidad, agua potable y medidas de control del medio ambiente. (Declaración y Programa de Acción de Durban, 2001).

1.6 El Apartheid

Julián Pérez Porto y Ana Gardey , comentan que, el Apartheid es un término que pertenece a la lengua afrikáans, una variedad del idioma neerlandés. El concepto puede traducirse como "separación". En específico, la idea de apartheid se emplea con referencia a una segregación de tipo racial, sobre todo a aquella que existió en Sudáfrica entre 1948 y 1992 y que fue impuesta por la minoría blanca de dicha nación.

El apartheid sudafricano, establecido por ley, instauró lugares diferenciados para los blancos y los negros. Además prohibió los matrimonios inter-raciales y otorgó el derecho de voto solo a los ciudadanos blancos.

En el marco del apartheid, en Sudáfrica existían escuelas, hospitales y medios de transporte diferenciados de acuerdo a la raza de los ciudadanos. El racismo impuesto legalmente por la población blanca en el poder hizo que los negros tuvieran que conformarse con servicios de peor nivel: los hospitales para blancos, por ejemplo, estaban mucho mejor equipados que los centros de salud para negros. Incluso existían barrios enteros asignados a una u otra raza, siempre destinando las mejores condiciones para los blancos. Durante las décadas de apartheid, hubo muchos activistas que protestaron contra el régimen y trataron de derrocarlo. El más famoso fue Nelson Mandela, quien estuvo en prisión durante 27 años por su militancia a favor de la igualdad.

En 1990 recuperó la libertad y cuatro años después, cuando el apartheid ya había caído, fue elegido presidente de Sudáfrica.

Con respecto a los antecedentes de este movimiento racista, es importante resaltar que los colonos neerlandeses de raza blanca lo habían practicado durante varios siglos antes de que adquiriera un carácter legal y oficial. El desprecio contra las personas negras de Sudáfrica era ya un tema presente en su historia reciente, aunque los británicos no la apoyaran a través de sus normas: se trataba de una actitud que partía principalmente de los blancos de origen afrikáner.

Esta falta de apoyo por parte de las autoridades británicas llevó a la porción racista de la población afrikáner a luchar a lo largo de varias décadas por conseguir instaurar sus medidas, las cuales presentaban como parte de un movimiento para preservar la identidad nacional. Este enfrentamiento por parte de los blancos afrikáner contra las ideas liberales de la colonia británica ocurrió sobre todo luego de las dos Guerras de los Bóeres, que tuvieron lugar entre finales del siglo XIX y comienzos del XX entre ambas partes.

Una vez que la Unión Sudafricana consiguió la autonomía interna en la Commonwealth, en el año 1910, la actividad política afrikáner se enfocó en la oficialización de la segregación racial a través de la emisión de normas internas que dificultaran el desarrollo económico y político de los ciudadanos de raza negra. El Apartheid sudafricano fue una de las tantas expresiones del desprecio que los seres humanos podemos llegar a sentir por alguien simplemente por tener un color de piel diferente al nuestro, algo que lamentablemente continúa ocurriendo en la actualidad en muchas partes del mundo.

Cabe destacar que, más allá de lo ocurrido en Sudáfrica, la idea de Apartheid también puede emplearse para nombrar otros sistemas de segregación racial. En Alabama y otros Estados Norteamericanos, existió un apartheid que, entre otras cosas, obligaba a los negros a cederles el asiento en el transporte público a los blancos.

Mientras que las personas blancas libres del virus del racismo pueden leer e informarse acerca de todas estas formas de desprecio hacia los negros, sólo ellos pueden entender su alcance, sentir en carne propia las miradas de quienes los consideran inferiores, actitudes tales como cruzarse de vereda para evitar pasar junto a ellos o los comentarios que incluso ciertas figuras del gobierno hacen para ubicarlos como ciudadanos de segunda clase.(Pérez Porto y Ana Gardey. Publicado: 2015. Actualizado: 2017.)

1.7 Martin Luther King

Martin Luther King Jr. fue un pastor y activista Estadounidense que luchó por los derechos civiles de los Afroamericanos. Nació el 15 de enero de 1929 en Atlanta y fue asesinado el 4 de abril de 1968 en Memphis.

ESTUDIOS Y PREPARACIÓN

Martin Luther King Jr., nacido como Michael Luther King Jr., era el hijo mediano del pastor Bautista Martin Luther King Sr. y de Alberta William King. Su abuelo paterno también era pastor en la Iglesia Bautista Ebenezer de Atlanta, donde sirvió desde 1914 hasta 1931.

Tras estudiar en colegios públicos y graduarse en el instituto con 15 años, Martin Luther King fue a la Universidad. En 1948 consiguió su título de Sociología (Bachelor of Arts) en Morehouse College (Atlanta), una institución creada, originariamente, para afroamericanos.

En 1951 obtuvo su licenciatura en Teología (Bachelor of Divinity) por el Crozer Theological Seminary de Chester. Ese mismo año comenzó a cursar el doctorado en Teología sistemática por la Universidad de Boston. Cuatro años después, en 1955, consiguió el título de Doctor en Filosofía.

Durante su estancia en Boston conoció a Coretta Scott, con la que contrajo matrimonio en 1953. Con ella tuvo dos hijos y dos hijas: Yolanda King, Martin Luther King III, Dexter Scott King y Bernice King.

LUCHA POR LOS DERECHOS CIVILES

Martin Luther King creció en un ambiente en el que la segregación racial estaba a la orden del día. Tanto es así, que con 13 años tuvo que ceder su asiento en un autobús a un pasajero blanco.

En 1954, fue nombrado pastor de la Iglesia Bautista de la Avenida Dexter de Montgomery (Alabama). Al mismo tiempo, Martin Luther King también fue miembro del comité ejecutivo de la Asociación Nacional para el Progreso de las Personas de Color.

Tan solo un año después, Luther King tuvo que lidiar con el racismo y la violencia que se ejercía contra los negros en el sur de Estados Unidos. Uno de estos episodios fue el protagonizado por la afroamericana Rosa Parks, que se negó a ceder su asiento a un blanco en el autobús.

Como respuesta, Martin Luther King lideró un boicot contra los autobuses públicos de Montgomery. Esta protesta se prolongó desde el 1 de diciembre de 1955 hasta el 20 de diciembre de 1956, cuando el Tribunal Supremo de Justicia de Estados Unidos declaró inconstitucional la ley que exigía la segregación en el transporte público de Montgomery.

A pesar de que la protesta se resolvió de manera satisfactoria, los 382 días que duró no estuvieron exentos de violencia. Tan tensa era la situación en Montgomery que los segregacionistas blancos atacaron la casa de Luther King y la del pastor Ralph Abernathy, también organizador de la campaña.

Martin Luther King, tras conseguir la igualdad de blancos y negros en el transporte público, continuó con la lucha por los derechos civiles. En 1957, fue elegido presidente de la Conferencia Sur de Liderazgo Cristiano. Esta organización, cristiana y pacifista, tenía como objetivo participar activamente en el movimiento por los derechos civiles.

Otro de los actos por los que Martin Luther King es recordado es por su participación en la campaña de Birmingham (Alabama).

Las protestas pacíficas y los boicots llevados a cabo en la ciudad hicieron que fuera arrestado en abril de 1963. La estancia en prisión le llevó a escribir la popular Carta desde la cárcel de Birmingham. En este ensayo explicaba el porqué de sus protestas.

El entonces presidente de Estados Unidos, John F. Kennedy, apoyó a Martin Luther King. Fue liberado una semana después de su detención. Tras numerosos incidentes violentos, las protestas de Birmingham terminaron en junio de 1963, cuando los lugares públicos fueron abiertos a los negros.

"I HAVE A DREAM"

El 28 de agosto de 1963, se organizó la famosa manifestación por los derechos civiles conocida como Marcha sobre Washington por el trabajo y la libertad. En esta marcha, Martin Luther King acudió representando a la Conferencia Sur de Liderazgo Cristiano pronunció su inmortal discurso "I have a dream" ("Yo tengo un sueño"). En él expresaba su deseo de conocer una América unida en la que vivir en igualdad.

El 14 de octubre de 1964, Martin Luther King recibió el Premio Nobel de la Paz. Con solo 35 años, Luther King se convirtió en el hombre más joven en recibir este reconocimiento.

ASESINATO

A finales de marzo de 1968, Martin Luther King viajó hasta Memphis (Tennessee) para apoyar la huelga de basureros afroamericanos que luchaban por mejorar sus condiciones laborales.

El 4 de abril, mientras estaba en la terraza de la habitación del hotel donde se alojaba, murió por el disparo de un segregacionista. Martin Luther King solo tenía 39 años., Dos meses después de su asesinato, las autoridades capturaron al autor, James Earl Ray, mientras intentaba huir a Reino Unido. Sin embargo, todavía son muchos los que piensan que la muerte de Martin Luther King fue parte de una conspiración.

Lo que sí es un hecho probado es que la lucha incansable de Martin Luther King por los derechos civiles de la comunidad negra sigue siendo todo un ejemplo. Tanto es así, que el tercer lunes de enero, en torno a su fecha de cumpleaños, se celebra el Día de Martin Luther King Jr. En Estados Unidos.

Fuente:(https://canalhistoria.es/perfiles/martin-luther-king/?cli_action).

1.8 Los Migrantes:

Condenamos enérgicamente las manifestaciones y actos de racismo, discriminación racial, xenofobia y formas conexas de intolerancia contra Los Migrantes y los estereotipos que corrientemente se les aplican. (Conferencia Mundial contra el Racismo, la Discriminación Racial, la Xenofobia y las Formas Conexas de Intolerancia Durban, 31 de agosto a 8 de septiembre de 2001).

La Declaración y el Programa de Acción de Durban:

- Pide a todos los Estados que luchen contra las manifestaciones de rechazo generalizado de Los Migrantes y que se opongan activamente a todas las manifestaciones racistas y actos que engendren conductas xenófobas y sentimientos negativos hacia Los Migrantes o su rechazo.

- Invita a las organizaciones no gubernamentales internacionales y nacionales a que incorporen la vigilancia y la protección de los derechos humanos de Los Migrantes en sus programas y actividades.

- Pide a los Estados que promuevan y protejan cabal y efectivamente los derechos humanos y las libertades fundamentales de todos Los Migrantes, prescindiendo de la situación de inmigración.

- Invita a los Estados a que faciliten la reunión de familias en forma rápida y eficaz, la cual favorece la integración de los migrantes, tomando debidamente en cuenta el deseo de muchos miembros de las familias de ser independientes.

48

- Insta a los Estados a que revisen y modifiquen, según proceda, sus leyes, políticas y procedimientos de inmigración a fin de eliminar de ellos todo elemento de discriminación racial.

- Recomienda que los países de acogida de Los Migrantes consideren la posibilidad de prestar servicios sociales adecuados, en particular en materia de salud, educación y una vivienda adecuada, como cuestión prioritaria.

- Insta a los Estados a que garanticen que Los Migrantes que hayan sido detenidos por las autoridades públicas sean tratados de forma humana e imparcial y reciban protección jurídica y, en su caso, la asistencia de un intérprete competente, particularmente durante los interrogatorios, independientemente de su situación.

- Exhorta a los Estados a que reconozcan a Los Migrantes documentados que son residentes a largo plazo las mismas oportunidades y responsabilidades económicas que a los demás miembros de la sociedad.

1.9 Testimonios:

A continuación algunos testimonios publicados en la Web Oficial de la ONU:

Creuza Oliveira:

La voz de Creuza Oliveira narra la historia de más de nueve millones de trabajadores domésticos brasileños, en su mayoría mujeres negras, para quienes la esclavitud aún no ha sido relegada en la oscuridad de la historia.

El relato también trata sobre el impacto revolucionario que tienen los sindicatos y los movimientos sociales sobre las prácticas injustas arraigadas y sistemáticas.

Nacida de una familia de trabajadores rurales pobres sin educación, Oliveira comenzó su vida como trabajadora doméstica en Bahía cuando tenía tan solo 10 años. Al no poder sobrellevar a la vez la escuela y el trabajo, tuvo que quedarse con su trabajo y desertó la enseñanza varias veces.

En el trabajo, Oliveira era golpeada e insultada cada vez que cometía algún error.

A menudo la llamaban perezosa, ridícula e incluso «negra».

Al abuso físico y sicológico se sumaba el abuso sexual perpetrado por los hombres jóvenes de la casa donde ella trabajaba. Y como si fuera poco, Oliveira no recibía ninguna remuneración.

Oliveira está muy consciente de que el racismo trata sobre las relaciones de poder y de que la mayoría de los trabajadores domésticos tienen baja autoestima. El Experto Independiente sobre cuestiones de las minorías, Gay McDougall, quien fue el moderador de la discusión, señaló que era muy difícil garantizar los derechos laborales de los trabajadores domésticos y que este problema no era exclusivo de Brasil.

Oliveira también se refirió a cuestiones más amplias que contribuyen a perpetuar el racismo en su país, incluidos los medios de comunicación, las canciones que denigran a la mujer y promueven la violencia, los programas de televisión que trivializan el abuso sexual y proyectan a la mujer negra como ignorante, y el uso de imágenes con contenido sexual de mujeres negras en la industria del turismo.

Khalid Hussain:

Hussain trajo la historia de los biharis al evento especial Voices: « Everyone affected by racism has a story that should be heard» (Voces: Cualquier persona afectada por el racismo tiene una historia que debe escucharse), de la Conferencia de Examen de Durban en Ginebra. Le dijo al público que tras la partición de Pakistán en 1971, más de 300.000 biharis han estado viviendo en campamentos provisionales por todo Bangladesh.

Hussain vive en el campamento Ginebra, construido por el Comité Internacional de la Cruz Roja en 1971, que debe su nombre a la ciudad de la oficina central de la organización en Suiza. El campamento Ginebra, uno de los mayores de Bangladesh, es el hogar de alrededor de 25.000 personas que viven en casas con un tamaño medio de unos 13 metros cuadrados habitadas por entre 5 y 8 personas. Hay 250 váteres públicos para todo el campamento.

«Como biharis», dice Hussain, «no tenemos acceso a ningún medio de subsistencia en la sociedad: ni social, ni cultural, ni económico». La suya es una historia típica.

Al terminar la educación primaria, Hussain y otros estudiantes intentaron inscribirse en el instituto local pero fueron rechazados. Su única opción era un colegio privado que la mayoría no podía permitirse. En el colegio privado trataban a los estudiantes bihari como una raza aparte.

«Recuerdo mi primer día en el colegio. Todos los estudiantes bangladesíes nos miraban como si fuéramos forasteros y comentaban entre susurros que éramos biharis y vivíamos en sucios campamentos... Se nos marginaba en el aula y teníamos que sentarnos en una fila aparte».

Khalid describió las extremas dificultades a las que se enfrentan los biharis para acceder al empleo y escapar de la pobreza. «No sólo se nos niegan todos los cargos gubernamentales sino que además, por tener nuestras direcciones en los campamentos y un estatus legal indefinido, la amplia discriminación en el mercado de trabajo sigue siendo una gran causa de preocupación».

«En consecuencia», afirmó, «la gran mayoría de los biharis se ven forzados a entrar en el sector informal y realizar trabajos como tirador de rickshaw, conductor, carnicero, barbero, mecánico y artesano».

Un grupo de biharis, Hussain entre ellos, logró un avance histórico el año 2003 al enfrentarse con la negativa de la comisión electoral de incluirles en el censo de votantes. El Tribunal Supremo de Bangladesh resolvió que las personas de los campamentos «son bangladesíes». A pesar de este avance, Hussain considera que la situación de los biharis ha empeorado. «La intolerancia por parte de la sociedad civil dominante se ha incrementado. Ha habido muy poco interés por parte de las principales organizaciones de derechos humanos, los organismos de ayuda legal o las organizaciones de mujeres y niños… Las voces deben alzarse», dijo Hussain.

Hussain terminó hablando de tolerancia y solicitando un cambio de actitud que redujera la discriminación que soportaba su comunidad.

«Confío en que un día veremos un mundo libre de racismo, discriminación racial e intolerancia», declaró.

Khalid Hussain es un bihari de Bangladesh. Describe a los bihari hablantes de urdu como el grupo más desfavorecido de Bangladesh porque no se les reconoce como ciudadanos en el país que consideran su hogar.

Elena Gorolová

Elena Gorolová y su esposo siempre habían soñado con tener una niña. Luego de haber sido bendecidos con el nacimiento de dos hijos, esperaban con mucho deseo tener uno más hasta que Elena se enteró de que había sido esterilizada sin su consentimiento por el mismo doctor que atendió el parto de su hijo. La horrible noticia contribuyó a que Elena se percatara poco a poco de que su caso no era único, ya que muchas mujeres romaníes como ella habían sido esterilizadas de forma involuntaria en hospitales de la República Checa. Las peticiones que se habían hecho a las autoridades públicas no sólo pasaban inadvertidas sino que intensificaban el daño causado a las víctimas.

«Mi esposo y yo visitamos el departamento de servicios sociales para exigir una explicación y preguntar si esto nos había sucedido por el hecho de ser romaníes, pero el personal nos trató de manera muy grosera y nos sacaron del lugar», dijo Gorolová en una reunión celebrada en las Naciones Unidas en Ginebra como parte de los eventos paralelos de la Conferencia de Examen de Durban. Gorolová recuerda que el nacimiento de su segundo hijo en un hospital de Ostraba en 1990 había sido muy difícil.

«Yo estaba con dolores de parto; era muy confuso y había muchos médicos alrededor mío«, expresó. «Una enfermera llegó con un documento y yo lo firmé. En ese momento no tenía la menor idea de qué se trataba porque yo tenía mucho dolor».

«Al día siguiente, el jefe médico de la sala de maternidad me dijo que nunca podría volver a tener hijos. Entonces yo me puse a llorar. Yo sólo tenía 21 años y mi esposo y yo queríamos tener una niña. Mi esposo comenzó a desesperarse y por mucho tiempo no pudo aceptar la idea de que no podríamos tener más hijos».

Gorolová además descubrió que sus trompas de falopio habían sido cortadas, por lo que la operación era irreversible.

«La enfermera me dijo que el método antiguo consistía en unir las trompas pero que algunas mujeres habían quedado embarazadas a pesar de haber sido sometidas a esta intervención», manifestó. «No querían que nacieran más niños romaníes…Yo he vivido la discriminación desde mi infancia… El asunto es que a ellos no les gusta la gente romaní».

Pasó mucho tiempo para que Gorolová se pudiera recuperar de la experiencia a la que había sido sometida. El proceso de recuperación comenzó cuando varias organizaciones, la Liga de Derechos Humanos, el Centro Europeo de los Derechos de los Roma y Life Together organizaron una reunión para las mujeres cuya salud y cuyas vidas habían sido afectadas por la esterilización forzosa. La oportunidad de poder hablar abiertamente con otras mujeres sobre su experiencia le sirvió a Gorolová de catarsis y le dio el valor necesario para seguir adelante.

«Nuestras denuncias fueron investigadas por el defensor del pueblo checo, quien examinó las quejas de más de 80 mujeres. Después creamos un grupo enfocado en la esterilización involuntaria y nos reuníamos periódicamente en Life Together».

El grupo tenía como objetivo promover el concepto del consentimiento fundado, los derechos de los pacientes, crear conciencia sobre la esterilización forzada, procurar la indemnización y la disculpa del gobierno por no haberlas protegido. Otro de sus objetivos era buscar formas para mejorar el trato que recibían del personal médico en las salas de maternidad.

Las mujeres organizaron exhibiciones de fotografías y protestas en toda Europa y dieron sus testimonios ante el Comité para la Eliminación de la Discriminación contra la Mujer (CEDAW) en las Naciones Unidas. Un ginecólogo unió sus esfuerzos para educar a las mujeres y niñas romaníes sobre su salud y un sicólogo brindó orientación a las víctimas.

No es fácil estar en la mira del público.

Gorolová dijo que «después de las protestas, las mujeres tuvieron que lidiar con muchos diarios locales que publicaron artículos falsos sobre ellas. Los artículos trataban sobre la forma en que las mujeres eran percibidas por los vecinos, los cuales alegaban que las mujeres debían dinero o que no pagaban el alquiler y comparaban la diferencia entre la actitud de las mujeres romaníes y no romaníes respecto a su consentimiento para la esterilización».

Sin embargo, los cambios que han logrado estas mujeres han sido muy satisfactorios. El término «consentimiento fundado» ahora forma parte del vocabulario que se utiliza en los hospitales y un mayor número de mujeres han decidido compartir sus experiencias.

«Desde julio de 2008, hemos detectado 20 casos que no habían sido denunciados, incluida una mujer de Frýdek Místek a quien le había sucedido esto en 2007. Su trabajadora social la amenazó con llevarse a sus niños y ponerlos bajo custodia del estado al menos que la mujer se sometiera a la esterilización«.

Por medio de su labor en Life Together, Gorolová, quien es también integrante de la sociedad civil del Consejo del Gobierno Checo para Asuntos de la Comunidad de los Roma y los no Roma, lucha por crear plataformas armoniosas de comunicación entre los roma y los no roma, así como por mejorar las condiciones de vida de las familias necesitadas.

El grupo lanzó recientemente un proyecto titulado «No estás Solo», el cual pretende identificar casos de esterilización ilegal, potenciar la capacidad de las víctimas para procurar la justicia, prestar asistencia a las niñas y mujeres jóvenes romaníes y a los profesionales de la salud sobre los asuntos pertinentes. También están abogando por que se apliquen las recomendaciones de la Defensoría del Pueblo de la República Checa, de la Convención sobre la Eliminación de Todas las Formas de Discriminación contra la Mujer (CEDAW) y del Comité para la Eliminación de la Discriminación Racial (CEDR).

«Dar a luz es una de las experiencias más maravillosas del mundo, pero muchas mujeres romaníes han sido privadas de esa experiencia. Para ellas, la esterilización involuntaria ha tenido repercusiones negativas en su salud y hasta ha provocado el divorcio. Debemos asegurarnos de que esto no le suceda a otras mujeres y debemos continuar nuestra lucha».

Al Shaymaa J. Kwegyir:

Al Shaymaa J. Kwegyir, integrante del parlamento de Tanzania, describe el albinismo como una «discapacidad igual a cualquier otra forma de discapacidad». Sin embargo, en Tanzania el albinismo obliga a muchas personas que padecen de esa condición a aislarse por temor a perder sus vidas.

Además de que muchos tanzanos consideran que el albinismo es una maldición, los hechiceros buscan las partes del cuerpo de los albinos para utilizarlas en pociones que venden para atraer el bienestar y la buena suerte.

«Todas las personas afectadas por el racismo tienen una historia que contar y que debe ser escuchada», dijo Kwegyir en «Voces» un evento paralelo diario de la Conferencia de Examen de Durban que se celebra en Ginebra.

Kwegyir nació en una familia de nueve hijos, tres de los cuales son albinos. Kwegyir fue más afortunada que la mayoría de las personas que pertenecen a la comunidad albina. «Recibíamos el cariño de nuestros padres y familiares. No había estigmatización dentro de la familia», manifestó.

Cuando Kwegyir le preguntó a su madre por qué era blanca y cuál era su problema, su madre siempre le aseguró que ella no tenía problema alguno.

No obstante, la realidad de muchos otros albinos es muy distinta. Además de ser con frecuencia abandonados por sus propias familias, algunas tribus los matan después de su nacimiento y también son a menudo perseguidos y asesinados porque las partes de su cuerpo son utilizadas por los hechiceros.

Aunque no hay cifras exactas sobre el número de albinos que hay en Tanzania, el albinismo es más común en África que en el resto del mundo. Alrededor de 1 de cada 20,000 personas tienen albinismo, un trastorno genético que provoca la ausencia o la disminución significativa de la pigmentación en la piel, los ojos y el cabello.

En Tanzania muy pocos albinos logran continuar su educación después de la enseñanza primaria y tienen muy pocas oportunidades laborales. La incidencia de la pobreza entre los albinos, según Kwegyir, es alarmante. La pobreza también les impide el acceso a la atención médica adecuada e incluso no tienen acceso a los medicamentos preventivos para el cáncer de piel, el cual es muy común entre los albinos, sobre todo en las regiones tropicales.

Con el apoyo de su familia, Kwegyir logró cursar la enseñanza secundaria e iniciar una carrera en el servicio civil a pesar de las burlas diarias de que era objeto en la calle. Por muchos años ha defendido el reconocimiento de los albinos y sus derechos en Tanzania, y el año pasado sus esfuerzos fueron reconocidos por el Presidente al designarla como miembro del parlamento.

Con el apoyo del gobierno, Kwegyir ahora hace campaña en nombre de todas las personas con discapacidad, en particular de los albinos. En el primer evento paralelo de Voces, la Comisionada Adjunta para los Derechos Humanos, Kyung-wha Kang recordó a los delegados que: «en medio de todas estas maravillosas e importantes palabras, no debemos nunca olvidar que esas expresiones deben trasmitir y relatar experiencias de la vida real, así como la lucha y el sufrimiento de los individuos»

Kang se refirió a los participantes de «Voces» como el «evento principal» de la conferencia. «Sus historias representan los desafíos que todos debemos afrontar aquí, además de que nos servirán de inspiración y nos recordarán las consecuencias reales que el racismo, la discriminación racial, la xenofobia y las formas conexas de intolerancia tienen en la vida de las personas en todo el mundo.

1.0 El 21 de Marzo:

La ONU ha publicado en su Web Oficial que el Día Internacional de la Eliminación de la Discriminación Racial se celebra el 21 de marzo de cada año. Ese día, en 1960, la policía abrió fuego y mató a 69 personas en una manifestación pacífica contra la ley de pases del Apartheid que se practicaba en Sharpeville, Sudáfrica. Al proclamar el Día en 1966, la Asamblea General instó a la comunidad internacional a redoblar sus esfuerzos para eliminar todas las formas de discriminación racial.

La discriminación racial y étnica es un fenómeno cotidiano que impide el progreso de millones de personas en todo el mundo. El racismo y la intolerancia pueden adoptar diversas formas:

desde la negación de los principios básicos de igualdad de las personas hasta la instigación del odio étnico que puede llevar al genocidio, todo lo cual puede destruir vidas y fraccionar comunidades. https://www.un.org/es/events/humanrightsday/2009/discrimination_racism.shtml

La lucha contra el racismo es una cuestión prioritaria para la comunidad internacional y es el centro de la labor de la Oficina del Alto Comisionado para los Derechos Humanos. Desde su fundación, las Naciones Unidas han mostrado su interés por esta cuestión, por lo que la prohibición de la discriminación racial ha quedado consagrada en todos los instrumentos internacionales básicos de derechos humanos. Esos instrumentos imponen a los estados obligaciones y tareas destinadas a erradicar la discriminación en las esferas pública y privada.

El principio de igualdad exige también a los Estados que adopten medidas especiales para eliminar las condiciones que causan o propician la perpetuación de la discriminación racial.

Es de suma importancia reconocer que el término «derechos humanos» se menciona siete veces en la Carta fundacional de la ONU, por lo que su promoción y protección son objetivos fundamentales y principios rectores de la Organización.

En 1948, la Declaración Universal de los Derechos Humanos los situó en el terreno del derecho internacional. Desde entonces, la Organización ha protegido diligentemente los derechos humanos mediante instrumentos legales y actividades en el terreno. La Declaración Universal de los Derechos Humanos (1948) fue el primer documento legal de protección de estos derechos. Junto con el Pacto Internacional de Derechos Civiles y Políticos y el Pacto Internacional de Derechos Económicos, Sociales y Culturales, los tres instrumentos forman la llamada Carta Internacional de los Derechos Humanos. Una serie de tratados internacionales y otros instrumentos adoptados desde 1945 han aumentado la legislación internacional de derechos humanos., Uno de los propósitos fundamentales de las Naciones Unidas, como se afirma en su Carta, es «realizar la cooperación internacional en la solución de problemas internacionales de carácter económico, social, cultural o humanitario».

La primera vez que la ONU participó en una reconstrucción tras un conflicto fue en Europa tras la devastación de la Segunda Guerra Mundial. Ahora, la comunidad internacional confía en la Organización y la coordinación de las operaciones de socorro frente a los desastres, naturales o provocados por el ser humano, en las zonas donde la capacidad de las autoridades locales no es suficiente para hacer frente a la situación.

La Oficina del Alto Comisionado para los Derechos Humanos (ACNUDH) es el organismo encargado directamente de su promoción y protección. Apoya a los departamentos de

Derechos Humanos que forman parte de las misiones de mantenimiento de la paz en varios países, y cuenta con un gran número de centros y de oficinas regionales y nacionales. El Alto Comisionado a menudo hace declaraciones acerca de la situación de estas garantías básicas en el mundo y tiene autoridad para investigar situaciones irregulares y elaborar informes sobre ellas.

El Consejo de Derechos Humanos, establecido en 2006, sustituyó a la Comisión de Derechos Humanos, con 60 años de trabajo a sus espaldas, como el órgano intergubernamental clave responsable de esta cuestión.

Los órganos de tratados de derechos humanos están constituidos por comités de expertos independientes encargados de supervisar la aplicación de los principales tratados internacionales sobre este asunto.

Los procedimientos especiales del Consejo son llevados a cabo por expertos independientes y prominentes que trabajan de manera voluntaria, examinan, supervisan, informan públicamente y asesoran desde una perspectiva temática y por países.

El Mecanismo de incorporación de la perspectiva de derechos humanos del Grupo de las Naciones Unidas para el Desarrollo (UNDG-HRM) promueve estas garantías básicas dentro del sistema de desarrollo de la Organización.

El Asesor Especial para la Prevención del Genocidio actúa como catalizador para concienciar acerca de las causas y las dinámicas del genocidio, para alertar a los actores relevantes cuando exista riesgo de genocidio, así como para promover y llevar a cabo acciones apropiadas. El Asesor Especial sobre la Responsabilidad de Proteger lidera el desarrollo conceptual, político, institucional y operativo de la responsabilidad de proteger.

Mientras la Unión Europea (UE) celebra el año de la Igualdad de Oportunidades para todas las personas, el racismo y la discriminación siguen siendo un problema grave y generalizado de derechos humanos en la UE, afirma Amnistía Internacional con motivo del Día Internacional de la Eliminación de la Discriminación Racial.

79

En una carta remitida a la Comisión Europea, al Consejo y al Parlamento de la UE, la organización insta a tomar medidas concretas para poner fin a la discriminación racial.

"Hay ciudadanos que, además de enfrentarse a la amenaza, muy real, de los insultos y la violencia física, no pueden llevar una vida normal – tener un trabajo, alquilar una casa o caminar sin más por la calle sin que les den el alto y los registren– simplemente por no ser del color o la etnia 'apropiados'", ha manifestado Dick Oosting, director de la Oficina de Amnistía Internacional en la UE. (Amnistía Internacional 21-03-2017).

Peticiones publicadas por Amnistía Internacional a la Unión Europea:

El fin de los controles de identidad por el perfil étnico o racial.

Erradicar los cupos de detención de migrantes en situación irregular.

La publicación de estadísticas y datos sobre controles de identidad y detenciones, que permitan verificar el número y la motivación de las identificaciones realizadas en espacios públicos.

El fin de la intimidación de quienes observan y documentan pacíficamente los controles de identidad.

81

No proceder a la detención y posterior traslado a dependencias policiales de ciudadanos extranjeros debidamente identificados, si no se dan los presupuestos legales para ello.

Considerar medidas alternativas relacionadas con el internamiento en los CIES.

La elaboración de un reglamento de los CIES, que garantice los derechos de las personas internas, a través de un proceso que tenga en cuenta la experiencia social y jurídica de organizaciones sociales.

El cese de la criminalización de las personas migrantes.

CAPITULO II
LA DISCRIMINCION

2.1 Discriminación. Conceptos

Discriminar es Separar, distinguir una cosa de otra. Dar trato de inferioridad a personas, por motivos de raza, religión o política. Despreciar, separar, excluir lo que se considera inferior. Fuente:(Diccionario Español (Portugués – William Agel de Mello – 1937-2017).

El Consejo Nacional para Prevenir la Discriminación ha definido la discriminación como una práctica cotidiana que consiste en dar un trato desfavorable o de desprecio inmerecido a determinada persona o grupo, que a veces no percibimos, pero que en algún momento la hemos causado o recibido.

Amnistía Internacional reconoce que La discriminación ataca el corazón mismo de lo que significa ser humano. Es tratar a alguien de forma distinta sólo por ser quien es o por sus creencias.

2.2 La Discriminación y sus Efectos

El CONAPRED comenta que hay grupos humanos que son víctimas de la discriminación todos los días por alguna de sus características físicas o su forma de vida. El origen étnico o nacional, el sexo, la edad, la discapacidad, la condición social o económica, la condición de salud, el embarazo, la lengua, la religión, las opiniones, las preferencias sexuales, el estado civil y otras diferencias pueden ser motivo de distinción, exclusión o restricción de derechos.

Los efectos de la discriminación en la vida de las personas son negativos y tienen que ver con la pérdida de derechos y la desigualdad para acceder a ellos; lo cual puede orillar al aislamiento, a vivir violencia e incluso, en casos extremos, a perder la vida.

Para efectos de la Ley Federal para Prevenir y Eliminar la Discriminación, se entenderá por esta cualquier situación que niegue o impida el acceso en igualdad a cualquier derecho, pero no siempre un trato diferenciado será considerado discriminación.

Por ello, debe quedar claro que para efectos jurídicos, la discriminación ocurre solamente cuando hay una conducta que demuestre distinción, exclusión o restricción, a causa de alguna característica propia de la persona que tenga como consecuencia anular o impedir el ejercicio de un derecho.

86

Algunos ejemplos claros de conductas discriminatorias son:

1.- Impedir el acceso a la educación pública o privada por tener una discapacidad, otra nacionalidad o credo religioso.

2.- Prohibir la libre elección de empleo o restringir las oportunidades de acceso, permanencia y ascenso en el mismo, por ejemplo a consecuencia de la corta o avanzada edad.

3.- Establecer diferencias en los salarios, las prestaciones y las condiciones laborales para trabajos iguales, como puede ocurrir con las mujeres.

4.- Negar o limitar información sobre derechos reproductivos o impedir la libre determinación del número y espaciamiento de los hijos e hijas.

5.- Negar o condicionar los servicios de atención médica o impedir la participación en las decisiones sobre su tratamiento médico o terapéutico dentro de sus posibilidades y medios.

6.- Impedir la participación, en condiciones equitativas, en asociaciones civiles, políticas o de cualquier otra índole a causa de una discapacidad.

7.- Negar o condicionar el acceso a cargos públicos por el sexo o por el origen étnico.

Es importante mencionar que las personas con discapacidad, personas adultas, niñas, niños, jóvenes, personas indígenas, con VIH, no heterosexuales, con identidad de género distinta a su sexo de nacimiento, personas migrantes, refugiadas, entre otras, son más propensas a vivir algún acto de discriminación, ya que existen creencias falsas en relación a temerle o rechazar las diferencias. No obstante, debemos estar conscientes de que las personas en lo único que somos iguales, es en que somos diferentes.

https://www.conapred.org.mx/index.php?contenido

2.3 Tengo Derecho A ser Tratado Igual

Amnistía Internacional lucha fuertemente para que Todos tengamos derecho a ser tratados por igual, con independencia de nuestra raza, etnia, nacionalidad, clase, casta, religión, creencias, sexo, lengua, orientación sexual, identidad de género, edad, estado de salud u otra condición. Y aun así, con demasiada frecuencia oímos historias desgarradoras de personas que sufren la crueldad sólo por pertenecer a un grupo "diferente" de quienes están en el poder.

Amnistía internacional resalta que su labor se basa en el principio de la no discriminación., trabajan con comunidades desfavorecidas de todo el mundo para cambiar las leyes discriminatorias y proteger a las personas. Amnistía comenta que a veces estas victorias son agridulces, como cuando el Parlamento marroquí cambió su discriminatoria ley sobre violación en 2014: los violadores ya no pueden eludir el castigo obligando a sus víctimas a casarse con ellos. Para Amina Filali y su afligida familia el cambio llegó demasiado tarde: Amina se había suicidado dos años antes, en 2012, tras ser obligada a casarse con el hombre que, según dijo, la había violado.

Para Amnistía Internacional La discriminación no sólo significa la ausencia de igualdad, sino que perpetúa el daño. Cuando el Estado ignora la violencia contra las mujeres y la considera un asunto privado o doméstico, transmite el mensaje claro de que se tolera la violencia contra las mujeres.

La discriminación de la mujer suele empeorar cuando ésta pertenece a más de un grupo desfavorecido debido a sus ingresos, su raza, etnia, identidad sexual, casta, religión, clase o edad.

La defensora de los derechos humanos Bhanwari Devi fue violada por cinco hombres de una casta superior en la India. Al absolver a sus agresores dos años después, el tribunal indicó que el incidente no podía haber ocurrido porque unos hombres de una denominada casta superior no violarían a una mujer de casta inferior.

Amnistía Internacional dice que es muy fácil negar los derechos humanos a una persona si se la considera alguien "inferior". Pero ¿cómo ocurre esto? En el fondo de todas las formas de discriminación están el prejuicio basado en conceptos de identidad y la necesidad de identificarse con cierto grupo. Esto puede llevar a la ignorancia e incluso al odio.

Algunos gobiernos refuerzan su poder y el statu quo justificando abiertamente la discriminación en nombre de "la moral", la religión o la ideología. Puede estar cimentada en la legislación nacional limitando la libertad de la mujer, por ejemplo a pesar de infringir el derecho internacional. Las autoridades pueden incluso considerar que ciertos grupos tienen más probabilidades de delinquir por el mero hecho de ser quienes son, como los pobres, los indígenas o los negros.

A veces se criminaliza a una persona directamente por lo que es, como a los homosexuales. Otras veces se hace de forma indirecta, por ejemplo, cuando un empleador pide un gran dominio de una lengua nativa cuando las tareas que hay que realizar no lo exigen.

En muchos países el racismo está alimentado por unas respuestas a la inmigración cada vez más xenófobas. (https://www.amnesty.org/es/what-we-do/discrimination/)

Amnistía Internacional pide:

Que los gobiernos:

• acaben con las leyes discriminatorias y pongan en libertad a las personas encarceladas por su aplicación;

• protejan a todas las personas, sean quienes sean, de la violencia;

• redacten nuevas leyes y creen instituciones que atajen las causas últimas de la discriminación;

• lideren desde el frente y no exploten ni usen nunca las creencias discriminatorias de la gente con fines políticos.

2.4 Discriminación y Sexualidad

Amnistía internacional informa que en muchos países se encarcela a personas lesbianas, Gays, Bisexuales, Transgénero e Intersexuales en aplicación de leyes que penalizan su orientación sexual o su identidad de género y convierten un beso en un delito. Se les tortura para obtener confesiones de "desviación" y se les viola para "curarlos" de ella.

Amnistía Internacional trabaja desde 1991 por los derechos de Lesbianas, Gays, Bisexuales, Transgénero e Intersexuales (LGBTI), que en muchas partes del mundo no son respetados:

Se les niega el disfrute en condiciones de igualdad de su derecho a la vida, a la libertad y a la integridad física.

Se les despoja de derechos fundamentales como las libertades de asociación y de expresión.

Se les recortan sus derechos a la vida privada, al trabajo, a la educación y a la atención médica.

Las sanciones impuestas por motivos de orientación o identidad sexual son muy variadas, y en algunos países la homosexualidad podría suponer pena de muerte, aunque no todos la aplican.

El sexo y la raza, la identidad de género y la orientación sexual están ligadas a aspectos fundamentales de la identidad humana y afectan al núcleo del derecho a la integridad física y mental de las personas. Por eso, la falta de respeto a los derechos de Lesbianas, Gays, Bisexuales, Transgénero e Intersexuales, incluido el matrimonio civil entre personas del mismo sexo, entra de lleno en el ámbito de los derechos humanos y es motivo de preocupación para Amnistía Internacional.

En muchos países puede hablarse de auténtica persecución, con normas que consideran ilegales las relaciones homosexuales y que contemplan penas de cárcel y hasta de muerte.

A ello se suman los alrededor de 70 países que castigan con penas de cárcel o castigos físicos las relaciones entre personas del mismo sexo, y las diversas formas de intolerancia, discriminación y persecución. (Amnistía Internacional).

Para Amnistía Internacional, en el matrimonio civil entre personas del mismo sexo se ponen en juego derechos humanos de las personas. De acuerdo con las normas internacionales, la organización considera que denegar el derecho a casarse, basándose en el sexo de sus parejas, viola los derechos a la no discriminación, a la igualdad ante la ley y a casarse y formar una familia.

Amnistía Internacional, que dio la bienvenida en España a la Ley 13/2005 de 1 de julio, que modificaba el Código Civil para reconocer el matrimonio civil entre personas del mismo sexo, cree que los Estados deben proteger y garantizar este derecho y abstenerse de discriminarlo por causa de orientación sexual e identidad de género.

Esta posición ha sido avalada por el Tribunal Europeo de Derechos Humanos, que reconoció que las parejas del mismo sexo tienen derecho a casarse y formar una familia en base al artículo 8 del Convenio Europeo de Derechos Humanos. Además, el derecho de las personas adultas a unirse voluntariamente en matrimonio está reconocido en el artículo 16 de la Declaración Universal de los Derechos Humanos y en el artículo 23 del Pacto Internacional de Derechos Civiles y Políticos.

Amnistía Internacional reconoce que los derechos sexuales son una de las facetas de los derechos humanos ya reconocidos en las legislaciones nacionales y en las normas internacionales de derechos humanos. Incluyen el derecho de todas las personas, sin ningún tipo de coacción, discriminación y violencia, a:

Alcanzar el nivel más elevado de salud sexual, incluido el acceso a servicios de salud sexual y salud reproductiva.

100

Buscar, recibir y difundir información relacionada con la sexualidad.

Educación sexual.

Respeto a la integridad corporal.

Elegir pareja.

Decidir ser sexualmente activo o no.

Relaciones sexuales de mutuo acuerdo.

Decidir libre y responsablemente el número de hijos, su espaciamiento y el momento de su nacimiento.

Buscar una vida sexual satisfactoria, segura y placentera.

2.5 VIH y Homosexualidad

La agencia de la ONU encargada de luchar contra la propagación del VIH/Sida, ha pedido a los países que tienen leyes discriminatorias contra las personas que componen la comunidad LGTBI (las lesbianas, los gais, los bisexuales, los transexuales y los intersexuales) que las eliminen de sus legislaciones.

El estigma hacia grupos como personas que se inyectan drogas y los presos, se ve reforzado por las leyes penales. Todo esto alimenta la violencia, la explotación y un clima de temor, que dificultan los esfuerzos para hacer que los servicios de VIH estén disponibles para quienes los necesitan.

"Todos tenemos la obligación moral y legal de eliminar las leyes discriminatorias y promulgar leyes que protejan a las personas contra la discriminación", dijo Gunilla Carlsson, directora ejecutiva de la citada agencia. "Para terminar con la epidemia de SIDA, las personas necesitan estar protegidas de cualquier daño. Necesitamos justicia e igualdad para todos".

Los hombres homosexuales y otros hombres que tienen sexo con hombres tienen aproximadamente 28 veces más probabilidades de contraer el VIH que la población general y son mucho menos propensos a acceder a los servicios de diagnóstico y tratamiento del virus. En 2017, este grupo de población representó el 18% de las nuevas infecciones por VIH en todo el mundo.

Se estima que las mujeres transgénero tienen 13 veces más probabilidades de contraer el VIH que otros adultos en edad reproductiva y que el 16,5% de las mujeres transgénero viven con el VIH.

ONUSIDA se une al Secretario General de las Naciones Unidas y al Alto Comisionado de las Naciones Unidas para los Derechos Humanos en su petición de despenalizar las leyes que discriminan a las personas LGBTI y proteger de la violencia y la discriminación y tengan pleno acceso a la salud y otros servicios sociales.

Por su parte, los responsables de varios Departamentos de la ONU, como el de Asuntos Políticos y de la Paz, enviaron un mensaje a su

104

personal para celebrar la diversidad y reiterar el compromiso de construir un ambiente de trabajo libre del acoso y la discriminación.

(Ginebra) – La resolución aprobada por el Consejo de Derechos Humanos de Naciones Unidas el 26 de septiembre de 2014, para combatir la violencia y la discriminación por orientación sexual e identidad de género, representa un logro muy importante para la defensa de los principios de la Declaración de Derechos Humanos, dijeron 25 asociaciones de derechos humanos y otros grupos. Esta nueva resolución sigue a la resolución adoptada en junio de 2011 por el Consejo de Derechos Humanos, que fue la primera de un organismo de la ONU en abordar las violaciones de derechos humanos basadas en la orientación sexual y la identidad de género.

Brasil, Chile, Colombia, Uruguay y otros 42 co-patrocinadores presentaron la resolución. En su presentación al Consejo, Chile declaró que "esta resolución no pretende crear nuevos derechos, hay algunos cuyos derechos son más violados y necesitan más protección". Colombia agregó que "el informe que solicitamos ya es parte del derecho internacional existente". La resolución fue aprobada por 25 votos contra 14, tuvo 7 abstenciones y contó con el apoyo de todas las regiones y una mayor base de apoyo desde 2011.

La discriminación, no es un expresión que pueda ser superada por decreto, por convenio, o por ley, debido a esto ha sido necesario que la comunidad internacional haga recomendaciones a los Estados, ofrezca asistencia técnica y programas especiales destinados a superar estas prácticas.

106

Acompañando la normativa internacional de carácter obligatorio, los derechos humanos proponen a los Estados orientaciones técnicas, jurídicas, políticas, económicas y le recomiendan la realización de programas especiales destinados a hacer frente a situaciones específicas en que no se respetan los derechos humanos o en que grupos sociales determinados, no cuentan con las condiciones que les permitan el goce integral de sus derechos. Diversos documentos y tratados internacionales muestran como el tema de la discriminación por orientación sexual e identidad de género deben encararse desde el marco de los derechos.

(http://www.msal.gob.ar/images/stories/bes/graficos /0000000126cnt-2013-06_estigma-discriminacion.)

CAPITULO III
AEROPUERTO

3.1 Aeropuerto. Conceptos:

Un aeropuerto es un área definida de tierra, total o parcial; utilizada para la llegada, salida y movimiento en superficie de Aeronaves de distintos tipos con llegadas y salidas nacionales e Internacionales. Si bien el término se aplica comúnmente a todas las pistas donde aterrizan habitualmente aviones, la palabra correcta es aeródromo. Este error se ha difundido al punto que mucha gente comete el error de decir Aeropuerto Internacional, cuando esto resulta repetitivo. Los grandes aeropuertos cuentan con pistas de aterrizaje pavimentadas de uno o varios Kilómetros de extensión, calles de rodaje, terminales de pasajeros y carga, plataformas de estacionamiento y Hangares de mantenimiento.

Los aeropuertos de uso civil están designados para la atención de pasajeros que usan el avión como medio de transporte, para carga y correo aéreo. La mayoría de los aeropuertos operan los tres, pero muchos atienden principalmente pasajeros o carga/correo, dadas ciertas circunstancias:

Localización, (incluyendo la presencia de otros aeropuertos en la región)

Servicios ofrecidos: Tamaño y calidad de la pista de aterrizaje/despegue, calidad de las terminales de pasajeros o carga, etc.)

Factores económicos, tasa cobrada por la compañía aeroportuaria a los aterrizajes y aparcamiento de aeronaves en el aeropuerto, por ejemplo.

El tamaño de un aeropuerto y la variedad de servicios que ofrece depende principalmente de la cantidad de vuelos que atiende el aeropuerto y el movimiento de tráfico aéreo, que incluye el movimiento de pasajeros, carga y correo aéreo. Naturalmente, los aeropuertos que mueven una gran cantidad de pasajeros, con un alto movimiento de aeronaves, tienden a ocupar una mayor superficie.
Fuente,(https://www.urbipedia.org/index.php/Aeropu erto).

3.2 Posible Discriminación en los Aeropuertos

Se observa que en muchos aeropuertos del mundo suelen revisar muy cuidadosamente la documentación con la cual el pasajero pretende viajar a otros países por avión. Pero es importante señalar que es posible que según la nacionalidad y documento de viaje las autoridades del aeropuerto procedan a revisar muy profundamente la documentación para controlar la situación de entrada a otros países e identificación correcta del pasajero.

Por otra parte, es relevante resaltar la posibilidad de que muchos de los pasajeros en los aeropuertos sientan discriminación o clasismo cuando notan que su documentación de viaje ha sido controlada exhaustivamente y muy diferente a los demás, es muy probable que algunos pasajeros piensen que sus pasaportes o documentos de viaje han sido controlados de manera dudosa por su color de piel o por su fisonomía.

Es de suma importancia que los seres humanos comprendamos que la falsedad, la delincuencia, la injusticia, etc. se puede encontrar en cualquier nacionalidad, color de piel, fisonomía etc. Por ejemplo si soy de piel negra y tengo un pasaporte que pertenece a un país donde la gran mayoría de ciudadanos son de piel Blanca no se debería tratar con indiferencia a ambos ciudadanos por el color de piel., al parecer, el trato debe de ser igual sin importar el color de piel o rasgos fisonómicos.

Como sociólogo y observador de la sociedad, entiendo que hay que cuidar la salud emocional de los seres humanos y de la sociedad en general, digo esto porque la discriminación y el racismo podrían afectar seriamente el estado emocional de cualquier Ciudadano del mundo.
(Lic. José Abreu)

3.3 Fisonomía

La fisonomía es la interpretación de la apariencia externa, especialmente los rasgos de la cara, para descubrir el temperamento y el carácter predominante de una persona.

En los siglos XVIII y XIX, la fisonomía fue utilizada por algunos de sus partidarios como un método para la detección de tendencias criminales.

Muchos fanáticos y racistas siguen utilizando la fisonomía para juzgar el carácter, la personalidad o la inteligencia. Esto no quiere decir que no sea cierto que algunas características fisonómicas estén asociadas con ciertos trastornos genéticos, como el síndrome de Down o el síndrome de Williams. Pero estas, a diferencia de lo que postula la fisonomía, no guardan relación con los aspectos mencionados (de personalidad) sino con cuadros clínicos asociados al estado de un paciente enfermo.

Fisionomía es el estudio detallado de la apariencia física y generalmente puede aplicar el rasgo de la cara de una persona, apariencia externa y cara que determina el carácter o el gesto de un individuo. Apariencia externa de las cosas o elementos. Fuente,(http://escepticccionario.com/define/fisonomia).

Cuando alguien quiere ocultar su identidad, por lo general oculta su apariencia. Esto es lo que los ladrones quieren cuando usan máscaras y capuchas: al no mostrar su apariencia, buscan la impunidad al cometer el crimen.

Aquellos que conocen el lenguaje de la cara afirman que hay muchos aspectos que hablan de uno mismo: el tono de la piel, la dirección de las cejas, la mirada, la nariz, los labios o la boca. Por lo tanto, los labios delgados indican autocontrol, la nariz respingona expresa vanidad y las cejas pobladas son típicas de personas vitales e impulsivas.
Fuente, (https://conceptodefinicion.de/fisionomia/).

Conclusiones y Recomendaciones

Conclusiones

La discriminación y el racismo en cualquier sociedad suele darse por intolerancia, falta de educación, conocimientos etc. A diario surgen conflictos de discriminación y racismo y para reducir estas situaciones se debería educar la población de manera que entendamos que no todos tenemos que ser iguales y que cada cual tiene la libertad de elegir lo que le haga sentir feliz siempre y cuando no perjudique a los demás y tampoco viole los derechos humanos establecido en una sociedad determinada.

No resulta fácil reducir los problemas de racismo y discriminación en una población humana, para ello deberíamos ser más tolerantes, respetar las ideologías políticas, religiosas y sociales. También es importante entender que el color de piel de los seres humanos no es lo que identifica la sabiduría o el buen comportamiento.

Para que el racismo y la discriminación no sea un problema tan conflictivo en la sociedad deberíamos de empezar eliminando los prejuicios sobre los seres humanos que muchas veces lo heredamos en el círculo familiar, no olvidemos que las primeras raíces de la educación y la cultura provienen de la interacción familiar.

En la sociedad muchas personas dicen que no son racistas y que no discriminan a nadie, pero muchas veces no entienden lo que es el racismo ni la discriminación por falta de conocimientos y en realidad terminan discriminando a los demás inconscientemente.

Deberíamos de tomar conciencia y respetar a los demás con sus defectos y virtudes, recordemos que en una sociedad humana cada cual tiene su propia forma de pensar sentir y actuar, pero esto no quiere decir que vamos a menospreciar a los demás por sus ideologías, situación económica, preferencias sexuales, condición física, color de piel etc.

Vivamos en paz y en armonía y dejemos que los demás sean felices con su manera de ser.

Recomendaciones

El racismo y la discriminación se puede presentar en cualquier entorno social, laboral, político, económico, cultural, religioso etc., por lo tanto se debería de dar suma importancia a estos temas para concientizar la sociedad y tener y una mejor integración social.

La educación es una herramienta clave para que una nación pueda entender que la sangre de todos los seres humanos es roja y que un color de piel o estratificación social y económica no es lo que identifica el capital cultural del ser humano en el planeta tierra, por lo tanto recomiendo a los gobernantes de cada sociedad levantar conciencia justa sobre el Racismo y la Discriminación.

Los discursos racistas y de discriminación a veces tocan la salud emocional en la sociedad afectando los seres humanos que la componen, es recomendable evitar estos discursos ya que pueden causar confusiones y hasta agresiones verbales y físicas.

Es de suma importancia que en las instituciones de enseñanzas públicas y privadas impartan charlas sobre racismo y discriminación en la formación educativa de la humanidad.

La forma de sentir, pensar y actuar de una nación estará alimentada desde la raíz de la educación. Un buen capital cultural hace que vivamos en armonía y que tengamos una mejor integración social.

Finalmente se recomienda que para evitar los discursos racistas y discriminatorios se debería invertir más recursos para que los seres humanos podamos entender que el color de piel, nacionalidad, religiones, preferencias sexuales, situación económica, nivel educativo, personas con discapacidad física o mental, enfermedades crónicas etc., son seres humanos que ocupan un espacio en el planeta tierra y se merecen la aceptación e integración en la sociedad.

Bibliografía

El Alto Comisionado de las Naciones Unidas para los Refugiados (2019).Tipos de racismos. https://eacnur.org/blog/que-es-el-racismo-y-tipos-de-racismo-tc-alt45664n-o-pstn-o-pst/

Organización de las Naciones Unidas (2001). Informe de la Conferencia Mundial contra el Racismo, la Discriminación Racial, la Xenofobia y las Formas Conexas de Intolerancia (Durban, 31 de agosto al 8 de septiembre de 2001). https://www.un.org/es/events/pastevents/cmcr/

Pérez Porto Julián y Gardey Ana (2015). El Apartheid, (https://definicion.de/apartheid/)

Canal de Historia (2016). **Martin Luther King.** https://canalhistoria.es/perfiles/martin-luther-king/?cli_action

Organización de las Naciones Unidas (2011). Migrantes.
https://www.un.org/es/letsfightracism/migrants.shtml

Organización de la Naciones Unidas (2001). **La Declaración y el Programa de Acción de Durban.** Informe de la Conferencia Mundial contra el Racismo, la Discriminación Racial, la Xenofobia y las Formas Conexas de Intolerancia.
https://www.un.org/es/events/pastevents/cmcr/aconf 189_12.pdf

Organización de la Naciones Unidas (2011). Luchemos contra el Racismo (Testimonios).
https://www.un.org/es/letsfightracism/stories.shtml

Organización de las Naciones Unidas (1999). Día Internacional de la Eliminación de la Discriminación Racial, 21 de marzo.
https://www.un.org/es/observances/end-racism-day

Organización de las Naciones Unidas (2009).
Día de los Derechos Humanos.
https://www.un.org/es/events/humanrightsday/2009/
discrimination_racism.shtmlhttps://www.un.org/es/s
ections/what-we-do/protect-human-rights/

Amnistía Internacional (2007). Día internacional de
la Eliminación de la Discriminación Racial,
https://www.es.amnesty.org/en-que-
estamos/noticias/noticia/articulo/el-racismo-y-la-
discriminacion-son-un-grave-problema-de-
derechos-
humanos/?gclid=CjwKCAjwxev3BRBBEiwAiB_P
WCP9McY6gCoMZwWdiKEf1lmRIP_bvOsxMeV
IUcnq6wwZm_-HVQdBZxoCWXsQAvD_BwE

Consejo Nacional para Prevenir la Discriminación
(1999). Discriminación e Igualdad.
http://www.conapred.org.mx/index.php?contenido=
pagina&id=84&id_opcion=142&op=142

Amnistía Internacional (2019). Discriminación.
https://www.amnesty.org/es/what-we-
do/discrimination/

Organización de las Naciones Unidas (2019). leyes Discriminatorias contra las personas LGTBI. https://news.un.org/es/story/2019/05/1456161#:~:text=ONUSIDA%2C%20la%20agencia%20de%20la,las%20eliminen%20de%20sus%20legislaciones.

Muñoz Alberto. Iñaki M.B. (2008). Aeropuerto. (https://www.urbipedia.org/index.php/Aeropuerto

Abreu José (2019). **Posible Discriminación en los Aeropuertos.**

Esccepticionario (2014). Fisonomía. https://escepticcionario.com/define/fisonomia